Ross Campbell

Lieben ohne Vorbehalt
Wie Kinder spüren, ob man sie liebt

Verlag der Francke-Buchhandlung
Marburg

CIP - Titelaufnahme der Deutschen Bibliothek

Campbell, Ross:
Lieben ohne Vorbehalt : wie Kinder spüren, ob man sie liebt /
Ross Campbell.
[Idee u. Bearb.: Thomas Lardon]. - Marburg:
Francke, 1990
(Edition C : L, Leuchtspur-Zeichen ; Nr. 70 : Frauensache)
ISBN 3-88224-776-2
NE: Edition C/L

Das Buch ist eine gekürzte, redaktionelle bearbeitete Fassung des
Titels »Kinder sind wie ein Spiegel«, erschienen 1979 im Verlag
der Francke-Buchhandlung GmbH.
Originaltitel des Gesamtwerks: »How to really love your child«
© 1978 by Scripture Press Publications, Wheaton, USA
Alle Rechte vorbehalten

© 1990 by Verlag der Francke-Buchhandlung GmbH,
3550 Marburg an der Lahn
Deutsch von litera
Idee und Bearbeitung: Thomas Lardon, Wiesbaden
Umschlaggestaltung: Agentur litera
Gesamtherstellung: Schönbach-Druck GmbH,
Erzhausen

Edition C, Nr. L 70

Worum es geht

Für die meisten Eltern ist es schwierig, ein Kind zu erziehen. Leicht wird man durch Spannungen und Druck, der von außen auf die Familie einwirkt, unsicher und mutlos gemacht. Die steigende Zahl von Ehescheidungen, wirtschaftliche Krisen, die sinkende Qualität der Erziehung und der Verlust an Vertrauen zu führenden Persönlichkeiten fordern von jedermann ihren Tribut. In dem Maße, in dem sich Eltern körperlich, seelisch und geistig leerer fühlen, wird es für sie immer schwerer, ihr Kind zu voller Menschlichkeit zu erziehen. Ich bin davon überzeugt, daß ein Kind den Stürmen dieser schwierigen Zeiten am stärksten ausgesetzt ist. In unserer Gesellschaft ist es das bedürftigste Glied, und sein größtes Bedürfnis ist Liebe.

Der Hintergrund

Bevor wir uns nun ernsthaft mit der Frage befassen, wie wir ein Kind wirklich lieben und erziehen sollen, müssen wir uns zunächst mit den Voraussetzungen einer guten Kindererziehung befassen. Die erste und wichtigste dieser Voraussetzungen ist das Elternhaus. Wir können hier nur einige der wesentlichen Punkte berühren.

Die wichtigste Beziehung innerhalb der Familie ist die der Eltern zueinander. Sie hat Vorrang vor allen anderen, auch der Eltern-Kind-Beziehung. Denn sowohl die Bindung zwischen Eltern und Kind als auch das Sicherheitsgefühl des Kindes hängen in hohem Maße von der Qualität der Ehe ab. Daher ist es so wichtig, die beste nur mögliche Beziehung zwischen Mann und Frau zu schaffen, bevor wir ernsthaft versuchen, das Verhältnis zu unserem Kind positiver zu gestalten. Zusammenfassend können wir sagen: je besser unsere eigenen ehelichen Beziehungen sind, desto wirksamer und befriedigender ist die praktische Anwendung all dessen, was im Verlaufe dieses Buches noch gesagt werden soll.

Zunächst müssen wir erkennen, daß zwischen kognitiver (d.h. vom Intellekt oder Verstand ausgehend) und emotionaler (d.h. vom Gefühl herrührend) Kommunikation ein Unterschied besteht. Menschen, die vorwiegend auf der Verstandesebene miteinander verkehren, befassen sich hauptsächlich mit Tatsachen. Sie reden gern über Themen wie Sport, Börse, Geld, Häuser, ihren Beruf usw. und halten den Gegenstand ihrer Unterhaltung aus dem emotionalen Bereich heraus. Im allgemeinen empfinden sie es als unangenehm, wenn sie sich mit Themen befassen sollen, bei denen sie ihre Gefühle zeigen müssen, und zwar speziell unangenehme Gefühle wie z.B. Zorn. Infolgedessen vermeiden sie Themen, die Liebe, Furcht oder Ärger berühren könnten. Deshalb fällt es diesen Menschen auch schwer, ihrem Ehepartner mit Wärme und Anteilnahme zu begegnen.

Andere Menschen verkehren mehr auf der Gefühlsebene miteinander. Sie werden einer Unterhaltung über bloße Tatsachen schnell müde und haben das Bedürfnis, Gefühle zu teilen, vor allem mit ihrem Ehepartner. Sie sind der Meinung, daß die Atmosphäre zwischen Mann und Frau soweit wie möglich von unangenehmen Gefühlen wie Spannung, Ärger oder Verstimmung frei sein sollte. Deshalb möchten sie natürlich über diese emotionellen Dinge sprechen, Konflikte mit dem Partner gemeinsam lösen, die Atmosphäre reinigen und das Zusammenleben erfreulich gestalten.

Natürlich ist kein Mensch rein kognitiv oder rein emotional. Wir befinden uns alle auf irgendeinem Punkt zwischen diesen Fixpunkten.

Ist Liebe blind?

»Mein Mann liebt mich nicht mehr, er kritisiert mich nur immerzu«, sagte die hübsche Yvonne. Sie hatte mit ihrem Mann meine Eheberatung aufgesucht, sozusagen als letzte Rettung. Yvonne fuhr fort: »Kannst du denn nicht irgendwas Positives über mich sagen, John?« Zu meinem großen Erstaunen fiel John wirklich kein Kompliment für seine Frau ein. Yvonne war attraktiv, intelligent, talentiert und konnte reden, aber John schien nur ihre Fehler zu bemerken. Sie waren jetzt sechs Jahre verheiratet. Wie hatte es nur zu dieser Krise kommen können?

Ein Grund dafür war die Unreife der Partner. Unreife? Unreife hat zwar etwas mit dem Alter zu tun, hängt aber nicht unbedingt davon ab. Wir können in diesem Zusammenhang Unreife definieren als die Unfähigkeit, Ambivalenz bewußt zu tolerieren. Ambivalenz bedeutet ganz einfach, gegensätzliche oder widerstreitende Gefühle gegen ein und dieselbe Person zu hegen.

Das erklärt auch die Redensart: »Liebe ist blind.« Wenn wir uns verliebt haben oder in den ersten Ehewochen oder -monaten sind, halten wir den oder die Geliebte für perfekt und wollen kein unschönes Gefühl ihm oder ihr gegenüber aufkommen lassen. Deswegen unterdrücken bzw. leugnen oder übersehen wir alles, was uns an unserem Ehepartner stört. Zu diesem Zeitpunkt nehmen wir nur seine bzw. ihre guten Eigenschaften wahr. Wir sind blind gegenüber Tatsachen wie einer schlechten Figur oder nicht hübschem Äußeren, übermäßiger Geschwätzigkeit, Verschlossenheit, der Veranlagung, dick oder dünn zu sein, Überschwenglichkeit, Introvertiertheit, Launenhaftigkeit, Unsportlichkeit oder dem fehlenden Sinn für Musik, Kunst, Nähen oder Kochen.

Nun tritt das Problem auf: Wir können nicht ständig etwas verdrängen. Eines Tages kommt es zum Vorschein. Zu diesem Zeitpunkt sind wir vielleicht einige Tage oder schon einige Jahre verheiratet. Dieser Zeitpunkt ist abhängig
1. von unserer Fähigkeit, das Unangenehme zu verdrängen, zu übersehen oder zu ignorieren und

2. von dem Grad unserer Reife, unserer Fähigkeit also, bewußt mit zwiespältigen Gefühlen fertigzuwerden.

Bedingungslose Liebe

»Die Liebe ist langmütig und freundlich, die Liebe eifert nicht, die Liebe treibt nicht Mutwillen, sie bläht sich nicht. Sie stellet sich nicht ungebärdig, sie sucht nicht das Ihre, sie läßt sich nicht erbittern, sie trachtet nicht nach Schaden. Sie freut sich nicht der Ungerechtigkeit, sie freut sich aber der Wahrheit. Sie verträgt alles, sie glaubt alles, sie hofft alles, sie duldet alles« (1.Kor. 13,4-7).

Diese klare Aussage beschreibt das Fundament aller Liebesbeziehungen. Wir wollen dieses Geheimnis »Bedingungslose Liebe« nennen, Liebe, die nicht von solchen Äußerlichkeiten wie ehelicher Pflichterfüllung, Alter, Gewicht, Fehler des anderen usw. abhängt. Diese Liebe sagt: Ich liebe meine Frau, ganz gleich was kommt, ganz gleich was sie tut, wie sie aussieht oder was sie sagt; ich werde sie immer lieben. Bedingungslose Liebe ist ein Ideal, das wir nie vollständig erreichen werden, aber je näher wir diesem Ideal kommen, desto vollkommener wird meine Frau durch die Gnade dessen, der uns alle so sehr liebt. Und je mehr er sie nach seinem Bild verändert, desto mehr wird sie mir gefallen, und ich werde zufrieden und glücklich sein durch sie.

Wahre Liebe ist Liebe ohne Bedingungen, die in allen Liebesbeziehungen sichtbar werden sollte. Das Fundament einer soliden Beziehung auch zu unserem Kind heißt daher ebenfalls »Bedingungslose Liebe«. Nur eine solch liebevolle Beziehung kann einem Kind zur vollen Entfaltung seiner Anlagen verhelfen. Und nur auf dem Fundament bedingungsloser Liebe stehend können wir solch problematischen Gefühlen wie Groll, Schuld, Furcht, Unsicherheit und Angst, nicht geliebt zu werden, vorbeugen.

Was bedeutet bedingungslose Liebe? Bedingungslose Liebe heißt, sein Kind lieben in jedem Fall - ganz gleich, wie das Kind aussieht, welche Vorzüge, Schwierigkeiten oder Schwächen es hat, ganz gleich, ob es unsere Erwartungen erfüllt, und das Schwerste, ganz gleich, was es tut. Das soll natürlich nicht heißen, daß wir mit seinem Benehmen immer und überall einverstanden sind. Bedingungslose Liebe bedeutet: wir lieben unser Kind, auch wenn wir sein Verhalten mißbilligen.

Wie wir schon im Zusammenhang der Beziehungen der Ehepartner zueinander erwähnten, stellt die bedingungslose Liebe ein Ideal dar, das wir wohl nie hundertprozentig erreichen werden. Aber, ich muß das noch einmal betonen, je näher wir diesem Ideal kommen, desto zufriedener werden wir als Eltern und desto zufriedener, ausgeglichener und glücklicher wird unser Kind sein.

Das Kind und seine Gefühle

Ein Kind kommt mit einem erstaunlich emotionellen Gespür auf die Welt, es reagiert sehr stark auf die Gefühle seiner Mutter. Es ist wunderschön zu beobachten, wie ein Neugeborenes zum ersten Mal zu seiner Mutter gebracht wird, die sich auf das Kind freut. Das Kind schmiegt sich dann mit ganz offensichtlicher Befriedigung fest an die Mutter.

Beobachten wir dagegen ein Kind, das von seiner Mutter abgelehnt wird. Solch ein armes Kind ist unzufrieden, trinkt schlecht, schreit viel und ist offensichtlich unglücklich. Man kann so etwas häufig bei Babys beobachten, deren Mütter deprimiert sind und Sorgen haben, auch wenn für uns oberflächlich gesehen keine Unterschiede in der Behandlung der Kinder festzustellen sind.

Es ist also sehr wichtig zu beachten, daß Kinder schon von Geburt an außerordentlich sensitiv sind. Da sie ja noch kein eigenes Wissen besitzen, verkehren sie mit ihrer Umwelt vorwiegend auf der Gefühlsebene. Das ist von entscheidender Bedeutung. Die ersten Eindrücke von der Außenwelt nimmt ein Kind gefühlsmäßig auf.

Diese Eindrücke bilden die Grundlage für seine weitere Entwicklung. Wenn z.B. ein Kind seine Umwelt als ablehnend, lieblos, hart und feindlich empfindet, dann wird sich die Angst - für meine Begriffe der größte Feind des Kindes - auf seine Sprache und sein Benehmen sowie seine Kontaktversuche und die Lernfähigkeit hinderlich auswirken. Der Grund dafür ist, daß ein Kind nicht nur sehr sensibel, sondern auch sehr leicht zu verletzen ist.
Durch unser eigenes Verhalten kommen wir den Urbedürfnissen unseres Kindes entgegen. Dies gelingt aber nur, wenn unsere Beziehung zu ihm auf bedingungsloser Liebe gegründet ist. Ich hoffe, der Ausdruck »durch

unser Verhalten« ist Ihnen aufgefallen. Wir mögen zwar eine starke Liebe für unser Kind im Herzen spüren, aber das allein reicht nicht aus. Nur durch unser Verhalten merkt ein Kind, ob wir es lieben, und nur durch das, was wir tun und sagen, teilen wir ihm unsere Liebe mit; dabei hat das, was wir tun, das größere Gewicht. Ein Kind wird weit stärker durch unsere Handlungen geprägt als durch unsere Worte.

Ein anderer wichtiger und für uns neuer Begriff ist der »emotionelle Tank«, den ein jedes Kind hat. Natürlich ist »Tank« nur sinnbildlich gemeint, aber es macht das Problem sehr anschaulich. Jedes Kind braucht ein bestimmtes Maß an emotioneller Zuwendung, und ob dieser Bedarf an Liebe, Verständnis oder Disziplin befriedigt wird, ist für vieles entscheidend: wie sich z.B. ein Kind fühlt, ob es zufrieden, böse, traurig oder vergnügt ist. Diese emotionellen Bedürfnisse beeinflussen auch sein Verhalten, ob es gehorsam oder ungehorsam, quengelig, frech, verspielt oder verschlossen ist. Je voller dieser »Tank« also ist, desto glücklicher ist ein Kind und desto besser ist sein Benehmen.

An dieser Stelle möchte ich eine der wichtigsten Aussagen dieses Buches machen: Nur wenn der »emotionelle Tank« gefüllt ist, kann man von einem Kind erwarten, daß es in jeder Hinsicht sein Bestes gibt. Wer ist nun dafür verantwortlich, daß dieser Tank immer gefüllt ist? Sie vermuten richtig, die Eltern. Am Verhalten eines Kindes kann man den Stand des »emotionellen Tanks« ablesen.

Kinder sind wie ein Spiegel

Kinder sind wie ein Spiegel, sie reflektieren die Liebe, aber sie wecken sie nicht von sich aus. Die Liebe, die ihnen geschenkt wird, geben sie zurück, aber wenn sie keine Liebe empfangen, können sie auch nichts zurückgeben. Bedingungslose Liebe erwidern sie ohne Bedingungen, während an Bedingungen geknüpfte Liebe nur bedingt zurückgegeben wird.

Viele Kinder fühlen sich heutzutage nicht wirklich von ihren Eltern geliebt. Ich selbst habe jedoch nur wenige Eltern getroffen, die ihre Kinder nicht von Herzen lieb hatten. Hier handelt es sich nicht um irgendein akademisches Problem, über das wir nachdenken und uns anschließend beklagen. Dies ist eine alarmierende Situation! Überall ziehen religiöse Sekten und fragwürdige Organisationen junge Leute zu Tausenden auf ihre

Seite. Wie schaffen sie es, diese Jugendlichen so leicht einer Gehirnwäsche zu unterziehen, sie gegen Elternhaus und Staat aufzuhetzen und sie anschließend mit bizarren Doktrinen zu beherrschen? Der Hauptgrund dafür liegt darin, daß diese jungen Leute nie das Gefühl hatten, von ihren Eltern wirklich geliebt und ernst genommen worden zu sein. Ihre Eltern schienen ihnen irgend etwas vorzuenthalten, aber was? Es ist die bedingungslose Liebe.

Wie können wir Liebe weitergeben?

Wir wollen jetzt überlegen, wie wir unsere Liebe an unser Kind weitergeben können. Sie erinnern sich, daß Kinder sehr emotionell sind und gefühlsmäßig reagieren. Außerdem drücken Kinder ihre Gefühle uns gegenüber oft durch ihr Benehmen aus, und je jünger sie sind, desto häufiger tun sie das. Man kann die Gefühle und Stimmungen eines Kindes sehr leicht durch Beobachtung erkennen. Genauso haben Kinder die Fähigkeit, unsere Gefühle aus unserem Verhalten abzulesen, eine Fähigkeit, die oft mit den Jahren verlorengeht.

Ein Ziel dieses Buches soll sein, Eltern zu zeigen, wie sie ihre Liebe in Handlung umsetzen können. Nur so können sie ihre Liebe an ihr Kind weitergeben, damit es sich geliebt, vollständig anerkannt und respektiert fühlt und wiederum fähig ist, sich selbst zu bejahen und zu respektieren. Nur so können Eltern ihre Kinder befähigen, andere bedingungslos zu lieben, vor allem ihre späteren Ehepartner und Kinder.

Die Art und Weise, wie wir Liebe an unser Kind weitergeben, können wir grob in vier verschiedene Gruppen unterteilen:

Augen- oder Blickkontakt,
körperlichen Kontakt,
konzentrierte Aufmerksamkeit und
Disziplin.

Jede dieser Gruppen ist gleich wichtig. Viele Eltern und Fachleute konzentrieren sich auf eine oder zwei dieser Gruppen und vernachlässigen darüber die anderen. Heute wird allgemein die Disziplin überbetont, während alle übrigen Formen der Zuneigung in den Hintergrund treten.

Besprechen wir also die erste Möglichkeit der Zuwendung, den Augen- bzw. Blickkontakt.

Wenn wir eine liebevolle Beziehung zu unserem Kind herstellen wollen, erscheint uns der Augenkontakt im ersten Moment verhältnismäßig unwichtig. Wenn wir uns aber mit Kindern bzw. dem Eltern-Kind-Verhältnis beschäftigen oder einschlägige Untersuchungen studieren, wird uns klar, wie wesentlich der Augenkontakt ist. Er fördert nicht nur die Kommunikation mit dem Kind, sondern trägt auch zur Erfüllung seiner emotionellen Bedürfnisse bei. Ohne daß wir es selbst merken, ist der Augenkontakt das wichtigste Mittel, unser Kind unsere Liebe spüren zu lassen. Ein Kind braucht den Blickkontakt mit seinen Eltern, um emotionell versorgt zu sein. Je häufiger Eltern ihre Liebe durch Blickkontakt ausdrücken, umso zufriedener wird ein Kind sein und umso voller ist sein emotioneller Tank.

Was ist eigentlich Blickkontakt? Blickkontakt bedeutet, dem anderen direkt in die Augen zu sehen. Die meisten Menschen wissen gar nicht, wie wichtig das ist! Haben Sie schon einmal versucht, eine Unterhaltung mit jemandem zu führen, der ständig in eine andere Richtung sieht? Das ist sehr schwierig. Auch unsere Gefühle zu diesem Menschen werden dadurch stark beeinflußt, denn wir schätzen normalerweise eher jemanden, dem wir bei einer Unterhaltung in die Augen sehen können. Blickkontakt ist dann besonders erfreulich, wenn er von freundlichen Worten und vielleicht auch einem Lächeln begleitet wird.

Es wird für Eltern leicht zur schlechten Gewohnheit, nur dann mit ihrem Kind in Blickkontakt zu treten, wenn sie ihm gegenüber energisch werden. Ein Kind ist dann nämlich besonders aufmerksam, wenn wir ihm direkt in die Augen sehen. Wir können das ausnutzen, um ihm irgendwelche Befehle zu geben, es zu tadeln oder zu kritisieren. Darin liegt der Fehler! Den Augenkontakt vorwiegend negativ zu gebrauchen, wird zwar, solange das Kind klein ist, zu guten Resultaten führen, aber das Kind ist nur aus Angst brav und artig. Sobald es älter wird, weicht die Angst der Verärgerung, der Verstimmung und der Depression.

Unsere Liebe sollte nicht von unserer Freude oder unserem Mißfallen abhängen, sondern beständig und in jeder erdenklichen Situation für unser Kind sichtbar sein. Ungezogenheiten können wir auf andere Weise bekämpfen, ohne daß beim Kind Zweifel an unserer Liebe aufkommen müssen. Später werden wir auch noch auf Formen der Disziplin zu sprechen kommen, durch die das liebevolle Verhältnis zu unserem Kind nicht gestört wird. Zunächst muß uns aber klar sein, daß wir den Augenkontakt als ständig Liebe spendende Quelle verwenden sollten und nicht als bloßes Disziplinierungsmittel.

Wir alle wissen, daß Kinder durch Nachahmung lernen, d.h. sie nehmen sich uns zum Vorbild. Auf die gleiche Weise lernen sie die Kunst des Blickkontakts und ihre Anwendung. Wenn wir mit unserem Kind in ständigem liebevollem Blickkontakt stehen, wird es ihn auch positiv anwenden. Mißbrauchen wir ihn dagegen, um unserem Ärger Ausdruck zu geben, wird unser Kind dasselbe tun.

Nun stellen Sie sich einmal die Nachteile vor, die dieses Kind hat und ein Leben lang haben wird. Wie schwer wird es für dieses Kind sein, Freundschaften und andere enge Beziehungen zu entwickeln! Bei Gleichaltrigen wird es unbeliebt und zurückgesetzt sein, und das wahrscheinlich für immer, denn seine Chancen, dieses Verhaltensmuster zu durchbrechen, sind sehr gering. Ein Grund dafür ist, daß dieses Kind gar nicht merkt, was es falsch macht. Deshalb ist eine Änderung seines Verhaltensmusters von sich aus außerordentlich schwierig, es sei denn, seine Eltern nehmen eine andere Einstellung zum Blickkontakt ein, solange das Kind noch jung genug ist. Das wäre für dieses Kind die einzige Chance.

Ein besonders ängstliches Kind wird außerdem noch Probleme haben, wenn es Erwachsene oder sogar Gleichaltrige ansprechen soll. Ein emotionell gut versorgtes Kind dagegen wird sich ohne Scheu an seinen Lehrer wenden, indem es auf ihn zugeht, ihm ins Gesicht blickt und sagt, was es gerade auf dem Herzen hat, z.B.: »Kann ich ein Stück Papier haben?« Je weniger gefühlsmäßige Zuwendung ein Kind erfährt, desto größere Schwierigkeiten wird es in einem Fall wie dem hier geschilderten haben.

Es ist nie zu früh

Ich möchte noch ein Beispiel für die Wichtigkeit des Blickkontakts anführen. Mit etwa zwei bis vier Wochen beginnt das Neugeborene, Dinge in seiner Umgebung zu erkennen. Zu seinen ersten Eindrücken gehört das menschliche Gesicht, wobei speziell die Augen seine Aufmerksamkeit fesseln. Wenn ein Kind ungefähr sechs bis acht Wochen alt ist, kann man beobachten, daß seine Augen ständig hin- und herwandern, als ob sie etwas suchten. Die Augen gleichen zwei Radarantennen, die fortwährend ihre Umgebung absuchen. Wonach, das können Sie sich sicher denken: das Kind sucht nach einem anderen Augenpaar. Bereits mit zwei Monaten versuchen die Augen des Kindes ein anderes Augenpaar festzuhalten. Schon jetzt hat es emotionelle Bedürfnisse, und schon in diesem frühen Stadium muß sein »emotioneller Tank« gefüllt werden.

Ist das nicht erstaunlich? Kein Wunder, daß die Art der Kontaktaufnahme zu seiner Umwelt und seine Gefühle ihr gegenüber sich schon so früh herausbilden. Die meisten Wissenschaftler sind der Meinung, daß die eigentliche Persönlichkeit des Kindes, seine Denkweise, seine Art zu reden und andere entscheidende Eigenschaften mit etwa fünf Jahren festgelegt sind.

Wir können also gar nicht früh genug beginnen, unserem Kind ständige warme Zuwendung zu schenken. Das Kind braucht die bedingungslose Liebe dringend, um sich in der heutigen Welt behaupten zu können. Wir haben doch diese einfache und dabei außerordentlich wirksame Methode, ihm diese Liebe zu geben! Nur vor dem falschen Gebrauch des Augenkontaktes müssen wir uns hüten, d.h. wir dürfen den Augenkontakt nicht als Kontrollmaßnahme mißbrauchen. Es liegt an uns, dem Kind unsere Liebe durch Blicke spüren zu lassen.

Körperlicher Kontakt

Es scheint, daß die nächstliegende Art, dem Kind unsere Liebe zu zeigen, der körperliche Kontakt ist. Merkwürdigerweise zeigen Untersuchungen, daß die meisten Eltern ihre Kinder nur berühren, wenn die Notwendigkeit dazu besteht, nämlich beim An- oder Ausziehen oder beim Einsteigen ins Auto. Im übrigen nutzen nur wenige Eltern diese einfache Möglichkeit, ihren Kindern auf mühelose Weise die bedingungslose Liebe zu zeigen, die Kinder so dringend brauchen. Man sieht selten, wie Eltern aus eigenem Antrieb plötzlich die Gelegenheit wahrnehmen, ihr Kind zu berühren.

Ich spreche nicht nur vom Umarmen oder Küssen, sondern von jeder Art körperlichen Kontaktes. Es ist so einfach, ein Kind an der Schulter zu fassen, ihm einen leichten Puff in die Rippen zu geben oder ihm durchs Haar zu fahren. Wenn man Eltern im Umgang mit ihren Kindern beobachtet, sieht man, daß viele regelrecht bemüht sind, jeden körperlichen Kontakt zu vermeiden. Fast scheint es, als würden diese bedauernswerten Eltern ihre Kinder als eine Art mechanische Laufpuppen ansehen, bei denen es darauf ankommt, daß sie sich ohne jede Hilfe bewegen und korrekt benehmen können. Diese Eltern wissen nicht, welche wertvollen Chancen sie verschenken, denn in ihrer Hand liegt es, das Gefühl der Geborgenheit bei den Kindern und eigenen Erfolg als Eltern zu sichern. Dagegen ist es geradezu herzerfrischend, Eltern zu sehen, die das Geheimnis des physischen Kontakts und auch des Blickkontakts für sich entdeckt haben.

Zwei kostbare Gaben

Wir sollten Kontakt durch Blick und Berührung in den täglichen Umgang mit unseren Kindern einbeziehen, und zwar ganz natürlich, nicht aufdringlich oder übertrieben. Ein Kind, das in einer Umgebung aufwächst, in der die Eltern diesen Kontakt herzustellen vermögen, wird mit sich selbst und anderen in einem harmonischen Gleichgewicht sein. Es wird leicht Kontakt zu anderen finden, infolgedessen beliebt sein und ein gesundes Selbstbewußtsein entwickeln. Angemessener und häufiger Kontakt durch Blick und Berührung sind die beiden wertvollsten Gaben, die wir unserem Kind schenken können. Augen- und körperlicher Kontakt, verbunden mit konzentrierter Aufmerksamkeit, sind das wirksamste Mittel, um den emotionellen Tank eines Kindes zu füllen und es in die Lage zu versetzen, sein Bestes zu geben.

Es ist auffallend, wie wichtig es für einen Jungen ist, während der ersten Lebensjahre genau soviel Zuwendung zu erfahren wie ein Mädchen - oft braucht er sogar mehr. Wenn ein Junge älter wird, nimmt sein Bedürfnis nach Zärtlichkeit, wie Umarmen und Küssen, nicht jedoch das nach körperlichem Kontakt ab. Statt des anfänglichen »Babykrams« braucht er jetzt jungenhafte Kontakte, z.B. Ringen, Rempeln, Schulterklopfen, Schlagen, Boxen. Diese Art physischer Kontaktaufnahme ist für einen Jungen ein ebenso echtes Mittel der Kommunikation wie Umarmen und Küssen. Man sollte es nicht vergessen: ein Kind braucht immer beide Kontaktarten.

Auch wenn meine Jungen älter und für Umarmungen und Küsse immer weniger empfänglich werden, gibt es doch Momente, wo sie Zärtlichkeit brauchen, und ich muß darauf achten, keine sich mir bietende Chance zu verpassen. Diese Gelegenheit ergibt sich dann, wenn sich die Jungen verletzt haben - nicht nur körperlich, sondern auch seelisch -, wenn sie übermüdet oder krank sind und zu gewissen Zeiten wie beim Zubettgehen oder wenn irgend etwas Trauriges passiert ist.

Noch ein weiteres Argument zum Thema Zärtlichkeitserweisungen bei Jungen. Es ist leichter, zärtlich zu einem Jungen zu sein, solange er noch klein ist, z.B. zwischen 12 und 18 Monaten. Je älter er wird, umso schwieriger wird es. Warum? Einer der Gründe, den ich bereits erwähnte, ist die falsche Annahme, Zärtlichkeit sei etwas spezifisch Weibliches. Einen weiteren Grund möchte ich hier herausstellen: Auf die meisten Menschen wirken Jungen weniger attraktiv, wenn sie älter werden. So empfindet man z.B. einen sieben- oder achtjährigen Jungen als wenig anziehend, irritierend und oft sogar grotesk. Um einem Jungen das zu geben, was er emotionell braucht, müssen wir uns über unsere negativen Gefühle klar werden, sie überwinden und uns wie richtige Eltern verhalten.

Was nun die Mädchen und ihre Bedürfnisse betrifft, so wird bei ihnen eine gefühlsmäßige Benachteiligung während der ersten sieben oder acht Jahre weniger deutlich als bei Jungen. Mit anderen Worten, sie zeigen ihr Zärtlichkeitsbedürfnis nicht so offensichtlich. Ich habe zahlreiche Kinder gesehen, die gefühlsmäßig ausgehungert waren, und im allgemeinen ist es leicht festzustellen, wenn Jungen darunter leiden - ihr Kummer ist meist augenfälliger. Mädchen dagegen scheinen besser damit fertigzuwerden, sie scheinen vor der Pubertät den Mangel an Zuwendung weniger zu empfinden. Doch darf man sich dadurch nicht täuschen lassen. Obgleich jüngere Mädchen ihre Gefühle nicht so zur Schau tragen, leiden sie doch intensiv bei seelischer Vernachlässigung. Das wird ganz augenfällig, wenn sie älter werden, besonders während der Pubertät.

Einer der Gründe dafür beruht auf dem physischen Kontakt. Wir erinnern uns, daß körperliche Kontakte und vor allem Zärtlichkeiten, wie Umarmen und Küssen, für Jungen während der frühen Kinderjahre lebenswichtig sind. Je kleiner der Junge, umso entscheidender ist der liebevolle Kontakt für ihn, während beim Mädchen der körperliche Kontakt und besonders Zärtlichkeit an Bedeutung gewinnt, je älter es wird, und mit elf Jahren einen Höhepunkt erreicht. Nichts berührt mich mehr als ein elfjähriges Mädchen, das nicht die notwendige gefühlsmäßige Zuwendung erfährt. Ein höchst kritisches Alter.

Warum sind Liebe und Zärtlichkeit so wichtig für Mädchen in der Zeit der Vorpubertät? Weil sie die Vorbereitung auf die Pubertät darstellen. Jedes Mädchen tritt in diese Lebensphase irgendwie vorbereitet ein, die einen besser, die anderen weniger gut.

Die beiden wichtigsten Aspekte dieser Vorbereitung für Mädchen sind, ein Bild von sich selbst und seiner sexuellen Identität zu gewinnen. Betrachten wir einmal den Begriff sexuelle Identität bei heranwachsenden Mädchen. Wie bereits erwähnt, wächst das Bedürfnis des Mädchens nach Zärtlichkeit mit dem Älterwerden. Wenn die Pubertät beginnt, ist dem Mädchen intuitiv oder unbewußt klar, daß es von ihm selbst abhängt, wie es mit den stürmischen Entwicklungsjahren fertig wird. Es ist außerordentlich wichtig, daß es sich als weibliches Wesen bejaht. Fühlt es sich wohl in seiner Rolle als »Frau«, wenn die Pubertät beginnt - gewöhnlich zwischen dem 13. und dem 15. Lebensjahr -, so wird diese relativ unproblematisch und störungsfrei mit den üblichen Stimmungshöhen und -tiefen ablaufen. Je gefestigter und gesünder seine sexuelle Identität ist, umso besser wird das Mädchen dem Druck von Gleichaltrigen widerstehen können. Je weniger es sich als »Frau« wohlfühlt, umso weniger gefestigt wird es sein. Es wird dann dem Einfluß seiner Altersgenossen, besonders der männlichen, zugänglicher und kaum fähig sein, den elterlichen Wertvorstellungen weiterhin zu folgen.

Sexuelle Identität bedeutet für das Mädchen, sich selbst als Frau zu bejahen. Es erhält seine sexuelle Identität in diesem Alter vor allem vom Vater, sofern er lebt und zur Hausgemeinschaft gehört. Ist der Vater dagegen tot oder sonst irgendwie seiner Familie entzogen, dann muß das Mädchen eine andere Vaterfigur finden, die diese Lücke ausfüllt. Wenn aber der Vater eine lebendige Beziehung zu seiner Tochter hat, ist er die Person, die ihr primär in dieser besonderen Weise während der Pubertät helfen kann. Eine wahrhaft große Verantwortung!

Ein Vater hilft seiner Tochter, mit sich selbst im Einklang zu leben, wenn er sie bejaht und ihr das auch zeigt. Er tut das, indem er die bereits erwähnten Prinzipien anwendet: bedingungslose Liebe, Augen- und Körperkontakt sowie konzentrierte Aufmerksamkeit. Eine Tochter braucht diese Arten der Zuwendung bereits vom zweiten Lebensjahr an. Zwar wird dieses Bedürfnis, so wichtig es im frühen Alter ist, immer größer, je älter das Kind wird, und erreicht seinen Höhepunkt im fast magischen Alter von 13 Jahren.

Ein Problem unserer Gesellschaft ist folgendes: Wird das Mädchen älter, fühlt sich der Vater zunehmend unbehaglich, wenn er ihm die Zärtlichkeit, die es ja braucht, erweisen soll, besonders in der Vorpubertät mit etwa zehn oder elf Jahren. Wenn also die Tochter das Alter erreicht hat, in dem sie die Zärtlichkeit des Vaters am nötigsten braucht, fühlt sich der Vater gehemmt und unbehaglich, besonders beim körperlichen Kontakt. Das ist natürlich verhängnisvoll. Wir Väter müssen dieses Unbehagen ignorieren und unseren Töchtern das geben, was für ihr weiteres Leben so bedeutsam ist.

Konzentrierte Aufmerksamkeit

Augen- und körperlicher Kontakt fordern selten ein wirkliches Opfer von den Eltern. Konzentrierte Aufmerksamkeit jedoch erfordert Zeit, und zwar viel Zeit. Das kann bedeuten, daß Eltern zuweilen etwas aufgeben müssen, was sie lieber täten. Liebevolle Eltern werden merken, daß ihr Kind diese gezielte Aufmerksamkeit manchmal zu einem Zeitpunkt dringend braucht, wenn es ihnen am wenigsten paßt.

Was ist konzentrierte Aufmerksamkeit? Sie bedeutet, einem Kind unser volles ungeteiltes Interesse zu schenken, so daß es unserer absoluten Liebe sicher ist. Dann fühlt das Kind, seine Persönlichkeit ist wertvoll genug, um die beständige liebevolle Aufmerksamkeit der Eltern, ihre Anerkennung und kompromißlose Zuneigung zu garantieren. Konzentrierte Aufmerksamkeit läßt also ein Kind spüren, daß es in den Augen der Eltern die wichtigste Person auf der Welt ist.

Manchmal scheint dies etwas zu weit zu gehen, aber ein Blick in die Bibel zeigt uns, wie hoch die Kinder dort eingeschätzt werden und welche Priorität Christus ihnen zumißt (Mark.10,13-16). Ihre Bedeutung wird auch in den Psalmen herausgestellt (Ps. 127,3-5), und in der Genesis werden Kinder als Gaben Gottes bezeichnet (1. Mose 33,5). Ein Kind muß das Gefühl haben, einmalig zu sein. Nur wenige Kinder spüren das, aber welch ein Unterschied ist es für solch ein kleines Wesen, wenn es weiß, daß es für seine Eltern etwas ganz Besonderes darstellt. Ihre konzentrierte Aufmerksamkeit allein kann ihm dieses Wissen vermitteln. Sie ist für die Entwicklung des kindlichen Selbstbewußtseins lebenswichtig und übt den größten Einfluß auf die Kontaktfähigkeit eines Kindes aus.

Warum ist es so schwierig, konzentrierte Aufmerksamkeit aufzubringen? Weil sie Zeit kostet. Zahlreiche Betrachtungen wurden angestellt, Bücher wurden geschrieben, die beweisen, daß die Zeit unser kostbarster Besitz ist. Betrachten wir es einmal so: Da der Tag 24 Stunden und die Woche 7 Tage hat, ist es faktisch unmöglich, alle unsere Verpflichtungen zu erfüllen. Das ist eine einfache Feststellung, die mich zwingt, nachzudenken. Es ist mir nicht möglich, jede Verpflichtung und jede Verantwortung in meinem Leben so durchzuführen, wie ich es im Grunde möchte. Das muß ich mir klar vor Augen halten. Tue ich es nicht, dann komme ich dazu, ganz naiv anzunehmen, alles werde sich schon von alleine regeln. Wenn ich das aber annehme, verfalle ich der Tyrannei des Zeitdrucks. Dringende Angelegenheiten werden dann automatisch Vorrang in meinem Leben haben und meine Zeit beherrschen.

Wir haben in unserem kurzen Leben einfach nicht genug Zeit, uns vom Streß beherrschen zu lassen und gleichzeitig das wirklich Wichtige durchzuführen. Wir können nicht zwei Dinge, die sich gegenseitig ausschließen, gleichzeitig tun. Was sollen wir also machen? Ich fürchte, es gibt da nur eine Antwort, und die ist weder einfach noch leicht. Wir müssen Prioritäten setzen, unsere Ziele festlegen und unsere Zeit so planen, daß wir diese Ziele auch erreichen können. Wir müssen unsere Zeit kontrollieren, um die wirklich wichtigen Dinge ausführen zu können.

Wie man Prioritäten setzt

Welches sind die Prioritäten in Ihrem Leben? An welcher Stelle kommt Ihr Kind? Kommt es an erster Stelle oder erst an zweiter, dritter oder vierter? Da müssen Sie sich entscheiden! Oder Ihr Kind wird an letzter Stelle kommen und unter dieser Vernachlässigung leiden.

Niemand kann für einen anderen Prioritäten setzen. Selbst Ihr Ehepartner kann nicht seine eigene oder die des Kindes in Ihrem Leben festlegen; ebensowenig kann das der Pfarrer, der Rechtsberater, der Arbeitgeber oder der Freund. Nur Sie selbst können das, also entscheiden Sie sich. Wer oder was hat Priorität in Ihrem Leben? Der Beruf, die Kirche, der Partner, das Haus, die Hobbys, die Kinder, das Fernsehen, die gesellschaftlichen Verpflichtungen, die Karriere?

Ich möchte noch einmal auf meine persönlichen Erfahrungen und auf die meiner Klienten zurückkommen. Bisher habe ich in meinem Leben folgendes beobachtet: In fast allen Familien, in denen Zufriedenheit, Glück und echte Dankbarkeit herrschen, haben die Eltern ein gleiches Prioritätensystem entwickelt. Gewöhnlich ist die erste Priorität ethischer Natur, etwa eine ausgeprägte religiöse Bindung oder ein moralisches Gesetz. In den meisten Fällen bedeutet das, Gott steht in ihrem Leben an erster Stelle, und sie haben eine nahe, tröstliche Beziehung zu ihm. Diese feste Beziehung zu Gott beeinflußt jede andere. Die zweite Priorität gilt, wie bereits erwähnt, dem Ehepartner. Die Kinder stellen die dritte Priorität dar. Wie man sehen kann, ist echtes Glück in der Orientierung auf die Familie hin zu finden, geistig und körperlich. Gott, Ehepartner, Kinder - das sind die wesentlichen Dinge. Was danach an Prioritäten kommt, ist wichtig, aber jene drei haben den Vorrang.

Ich habe mit vielen Menschen gesprochen, die ihre Befriedigung in Reichtum, Macht oder Prestige gesucht hatten. Als sie aber ihre Lebenserfahrung erweiterten und die eigentlichen Werte entdeckten, wurde ihnen klar, daß sie auf dem falschen Sektor investiert hatten. Ich habe viele reiche Leute kennengelernt, die ihre besten Jahre darangegeben hatten, reich zu werden. Es war tragisch, wie sie Rat suchen mußten, als sie feststellten, wie beklagenswert leer ihr Leben trotz Reichtum und Macht war. Jeder jammerte und betrachtete sein Leben als verfehlt wegen eines entfremdeten Kindes oder eines Ehepartners, den er durch Scheidung verloren hatte. Jetzt erst wurde ihnen klar, daß der einzig wertvolle Besitz im Leben ein Mensch ist, der einen liebt und sich um einen sorgt.

Das Ziel der konzentrierten Aufmerksamkeit

Wie könnte man den Begriff »konzentrierte Aufmerksamkeit« definieren? Wenn einem Kind bewußt wird: »Ich bin ganz allein mit Mutti oder Vati«; »Ich habe sie bzw. ihn ganz für mich allein!« »In diesem Augenblick bin ich für meine Mutter bzw. Vater der wichtigste Mensch auf der Welt.« Ein Kind das empfinden zu lassen, ist das eigentliche Ziel der konzentrierten Aufmerksamkeit.

Angemessene und unangemessene Liebe

Ich möchte zunächst über die Kontroverse sprechen, die im Begriff zu »viel Liebe« liegt. Einerseits wird behauptet, daß zu viel Liebe ein Kind verdirbt, andererseits, daß man ein Kind gar nicht genug lieben kann. Die Unklarheit auf diesem Gebiet veranlaßt die Verfechter beider Richtungen, ganz extreme Einstellungen zu vertreten. Viele aus der ersten Gruppe sind autoritäre Erzieher, während die Vertreter der zweiten Gruppe allzu nachgiebig sind.

Unangemessene Liebe

Diese unangemessene Liebe können wir als eine Zuneigung definieren, die das emotionale Wachstum des Kindes behindert, weil sie nicht seinen Bedürfnissen entspricht, eine zunehmende Abhängigkeit von den Eltern zur Folge hat und dadurch die Bildung des Selbstvertrauens verhindert. Die vier häufigsten Arten der unangemessenen Liebe sind die besitzergreifende, die verführende, die stellvertretende Liebe und der Rollentausch. Betrachten wir sie nacheinander.

Die besitzergreifende Liebe

Die besitzergreifende Liebe ist die Tendenz, das Kind in zu großer Abhängigkeit von den Eltern zu halten. Paul Tournier, ein bekannter schweizer Psychotherapeut, stellt fest, daß beim kleinen Kind die Abhängigkeit »ganz offensichtlich und beinahe vollständig« ist. Wenn aber diese Abhängigkeit beim Älterwerden des Kindes nicht abnimmt, so hemmt sie die Entwicklung seines Gefühlslebens. Viele Eltern versuchen, ihre Kinder in diesem Zustand der Abhängigkeit zu halten. Dr. Tournier meint, sie täten das aus »Suggestion oder durch emotionale Erpressung« oder indem sie ihre Autorität dazu benutzen, auf Gehorsam zu bestehen. Es ist ihr Kind. Sie haben ein Anrecht auf dieses Kind, weil es ihnen gehört. Solche Eltern können wir als besitzergreifend bezeichnen; sie behandeln ihr Kind als Objekt oder Eigentum, das man besitzt, und nicht als Persönlichkeit, die in ihre eigenen Rechte hineinwächst und nach und nach unabhängig und selbstsicher werden muß.

Die verführende Liebe

Die zweite Art, Liebe in unangemessener Form auszudrücken, ist die Verführung. Natürlich ist es schwierig, über dieses Thema zu schreiben, weil es nicht einfach zu erläutern ist. Der Begriff scheint die ganze Skala von der Verlockung zur sexuellen Erfahrung bis hin zur Schändung zu umfassen.

Wenn man das Thema direkt angehen will, so scheint es mir ausreichend zu sein, diese verführende Liebe als den Versuch zu definieren, bewußt oder unbewußt bei einem Zusammensein mit dem Kind sinnlich-sexuelle Erregung zu erlangen.

Ein Beispiel wurde kürzlich in einem Seminar für Kinderpsychiatrie diskutiert. Ein siebenjähriges Mädchen wurde in einer psychiatrischen Klinik wegen häufiger Masturbation und schlechter Leistungen in der Schule untersucht. Die Auswertung des Falles ergab, daß das Kind sich häufig Träumereien hingab, die Mutter sei tot, und es lebte mit dem Vater allein. Es wurde außerdem festgestellt, daß der Vater sich viel Zeit nahm, das Kind im Arm zu halten und es zu liebkosen auf eine Art, die sowohl dem Vater als auch dem Kind sinnliches Vergnügen zu bereiten schien.

Ich glaube, es wäre eine große Hilfe für viele liebevolle Eltern, wenn sie sich auf diesem schwierigen Gebiet klarmachten:

1. Jedes Kind braucht unabhängig von seinem Alter angemessenen körperlichen Kontakt.
2. Gelegentliche sexuelle Gefühle oder flüchtige Phantasien dem Kind gegenüber sind normal.
3. Eltern sollen diese Gefühle einfach ignorieren und dem Kind geben, was es braucht, einschließlich des angemessenen nichterotischen, physischen Kontakts.

Die stellvertretende Liebe

Die dritte Art der unangemessenen Liebe, die am häufigsten vorkommt, ist Liebe als eine Art Ersatzgefühl. Das bedeutet, sein eigenes Leben und seine Träume durch das Kind verwirklicht zu sehen. Eine der schlimmsten Formen solcher Stellvertretung liegt vor, wenn eine Mutter ihre eigenen romantischen Phantasien und Sehnsüchte durch ihre Tochter neu zu erleben versucht. Eine Mutter tut das, indem sie ihre Tochter in Beziehungen und Situationen hineinlockt, die sie selber gern durchleben würde.

Eine derartige stellvertretende Liebe wird zur Gefahr, wenn unser Gefühl vom Verhalten des Kindes abhängt, also nur eine bedingte Liebe ist. Wir Eltern dürfen die Art der Liebe, die das Kind von uns empfängt, nicht von unseren eigenen Hoffnungen, Sehnsüchten und Träumereien abhängig machen.

Unsere Liebe zum Kind darf von keinerlei Bedingung abhängig sein. Wir müssen unser Kind so lieben, daß es sein Leben nach Gottes Plan einrichten kann und nicht nach unseren eigenen ehrgeizigen Vorstellungen.

Der Rollentausch

Rollentausch definieren wir als Umkehrung der Abhängigkeitsrolle, wobei Eltern versuchen, von ihren Kindern Schutz und Liebe zu erhalten.

Rollentausch dieser Art ist der Anfang des Kindesmißbrauchs. Ein in diesem Sinne schuldiger Elternteil erwartet, daß das Kind seine emotionalen Wünsche erfüllen wird und daß er ein Recht auf Trost und Zuwendung durch sein Kind hat. Ist das Kind dem nicht gewachsen, dann fühlt er sich berechtigt, es zu strafen.

Kindesmißbrauch ist die extreme Form des Rollentausches, aber alle Eltern üben ihn bis zu einem gewissen Grade aus. Zuweilen erwarten wir von unseren Kindern Trost und Zuwendung. Das geschieht entweder, wenn wir uns körperlich oder seelisch nicht wohlfühlen; vielleicht leiden wir unter Depressionen, sind krank, geistig oder physisch erschöpft. In solchen Augenblicken haben wir wenig oder gar keine emotionellen Reserven für unser Kind. Es wäre dann äußerst schwierig, ihm den Augen- und körperlichen Kontakt und die konzentrierte Aufmerksamkeit zu geben. Wenn unsere physischen oder emotionellen Reserven erschöpft sind, brauchen wir selber Zuwendung. Es ist schwer zu geben, wenn man selber nichts hat. In dieser Verfassung macht man leicht den Fehler, von seinem Kind Trost, Bestätigung, Nachgiebigkeit, Reife und passiven Gehorsam zu erwarten. Dies sind aber nicht die charakteristischen Eigenschaften eines normalen Kindes. Wenn man ihm diese ihm nicht entsprechende Rolle aufzwingt, wird sich das Kind nicht normal entwickeln. Die Zahl der möglichen Störungen, die sich daraus ergeben können, ist endlos.

Disziplin - was ist das?

Das, worüber ich bis jetzt in diesem Buch gesprochen habe, sind die entscheidenden Voraussetzungen für gute Disziplin. Daher müssen wir sie unbedingt berücksichtigen, wenn wir mit unserer Erziehung erfolgreich sein wollen. Es wäre sinnlos weiterzulesen, wenn Sie nicht bereit wären, das Gelesene auch anzuwenden und den emotionellen Tank Ihres Kindes zu füllen. Wenn Sie Ihrem Kind nicht durch angemessenen häufigen Augen- und körperlichen Kontakt und durch konzentrierte Aufmerksamkeit das Gefühl geben, es würde geliebt, dann sollten Sie dieses Buch weglegen. Die Ergebnisse würden Sie doch nur enttäuschen.

Es ist barbarisch und ganz unbiblisch, irgendwelche Techniken zur Kontrolle des kindlichen Benehmens ohne das Fundament bedingungsloser Liebe anzuwenden. Sie können zwar ein gut erzogenes Kind haben, solange es klein ist, aber auf die Dauer werden die Erziehungsergebnisse Sie doch entmutigen. Nur eine gesunde, auf Liebe gegründete Beziehung übersteht alle Stürme des Lebens.

Zu Beginn sollten wir uns die Definition für Disziplin genauer ansehen. Was besagt sie? Auf dem Gebiet der Kindererziehung bedeutet Disziplin das geistige und charakterliche Training eines Kindes, um es zu befähigen, Selbstbeherrschung zu lernen und ein wertvolles Glied der Gesellschaft zu werden. Was gehört noch dazu? Disziplin umfaßt das Training sämtlicher Kommunikationsmöglichkeiten, z.B. Führung durch Vorbild und Nachahmung, mündliche und schriftliche Weisungen, das Lehren, die Schaffung von Lern- und Spielerfahrungen. Auch Strafe gehört auf diese Liste, aber sie stellt nur eine der vielen Möglichkeiten der Disziplin dar, und zwar die negativste und primitivste. Trotzdem müssen wir sie leider hin und wieder anwenden; später werden wir noch dazu Stellung nehmen. Jetzt betonen wir noch einmal, daß Hinführung zu richtigem Denken und Tun jeder Bestrafung weit überlegen ist.

Im Hinblick auf die klare Definition von Disziplin wollen wir sie noch einmal gedanklich in Beziehung zur bedingungslosen Liebe setzen. Disziplin ist sehr viel leichter durchführbar, wenn sich ein Kind wahrhaft geliebt fühlt. Es möchte sich nämlich mit seinen Eltern identifizieren können, und das gelingt nur, wenn es weiß, es wird geliebt und akzeptiert. Nur dann erkennt es die Autorität seiner Eltern willig und widerstandslos an.

Disziplin und Strafe

Es gibt verschiedene Gründe dafür, weshalb so viele Eltern dem Irrtum verfallen, Bestrafung sei gut, oder sogar auf die Idee kommen, ihre wichtigste Aufgabe in der Kindererziehung sei es, ihr Kind gehörig zu verprügeln. Einen Teil der Schuld an dieser Entwicklung tragen bestimmt auch die vielen Bücher, Artikel, Seminare, Untersuchungen, Radiosendungen, Predigten und Zeitungen, die die körperliche Züchtigung befürworten, während sie alle kindlichen Bedürfnisse, ganz besonders die Liebe, herunterspielen oder völlig übergehen.

Die Befürworter der körperlichen Züchtigung haben anscheinend vergessen, daß der biblische Hirtenstab fast ausschließlich zum Leiten der Tiere bestimmt war, nicht jedoch zum Schlagen. Die Hirten lenkten die Schafe und besonders die Lämmer sanft auf den richtigen Weg, indem sie einfach mit ihrem Stab den falschen Weg blockierten und die Tiere in die gewollte Richtung stupsten. Hätte der Hirtenstab tatsächlich in erster Linie zum Schlagen gedient, würden wir den 23. Psalm, »Dein Stecken und Stab trösten mich«, wohl kaum verstehen können.

Einer der Hauptgründe, warum körperliche Züchtigung als wichtigste erzieherische Maßnahme so gefährlich ist: Sie vermindert drastisch alle Schuldgefühle. Körperliche Züchtigung degradiert, entwürdigt und verletzt ein Kind innerlich. Das Resultat: Das Kind hält Schläge an sich für Strafe genug. Wird körperliche Züchtigung zu häufig und streng angewandt, so wird ein Kind kein Schuldbewußtsein entwickeln, und seine Gewissensbildung wird dadurch verhindert. Ohne das Fundament der bedingungslosen Liebe werden die notwendigen Entwicklungsphasen unterbrochen, besonders die richtige Identifikation mit den Eltern findet nicht statt, ebenso wird eine gesunde Gewissensbildung unmöglich.

Man vergißt häufig, welch positive Wirkung das Schuldbewußtsein haben kann und hält es im allgemeinen für unerwünscht. Zuviel Schuldgefühl ist zwar schädlich, aber zur Bildung und Erhaltung des Gewissens ist ein gewisses Maß an Schuldbewußtsein unerläßlich. Ein normales, gesundes Gewissen, das dem Verhalten eines Kindes die richtigen Grenzen setzt, ist viel wertvoller als Kontrolle durch Furcht und somit jeder sonstigen Kontrolle bei weitem vorzuziehen. Was bringt wohl einen fröhlichen, selbstbewußten Teenager dazu, auf sich selbst zu achten? Doch nur sein Gewissen. Wenn

Sie aber vermeiden wollen, daß Ihr Kind ein normales, gesundes Gewissen entwickelt, das es ihm ermöglicht, auf sich selbst zu achten, dann bauen Sie Ihr Verhältnis zu Ihrem Kind auf dem Bestrafungsprinzip auf, kontrollieren Sie sein Benehmen vorwiegend mit Schelte und Prügel.

Liebevolle Disziplin

Wir haben bis jetzt untersucht, wie wir unserem Kind durch den richtigen Gebrauch von Augenkontakt, körperlichem Kontakt, konzentrierter Aufmerksamkeit und Disziplin (Charaktertraining) unsere bedingungslose Liebe mitteilen können. Wir haben dabei festgestellt, wie wichtig es ist, den «emotionellen Tank» unseres Kindes gefüllt zu halten. Nur dann kann das Kind sich nämlich gut entwickeln, und nur dann kann es auch volle Selbstkontrolle und Selbstdisziplin lernen. Anschließend zeigten wir dann, daß Anleiten zu richtigem Handeln besser ist als Strafe für eine falsche Handlungsweise. Überlegen wir also jetzt, wie wir reagieren sollen, wenn das Kind einmal ungezogen ist.

Um zu wissen, wie wir auf kindliches Benehmen am besten reagieren, müssen wir die irrationale Denkweise von Kindern begreifen lernen, die für ein Kind lebenswichtig ist. Alle Kinder brauchen und suchen Liebe, und sie wissen das auch. Die Art und Weise aber, wie sie Liebe zu erlangen suchen, ist noch unreif und irrational.

Anstatt unsere Liebe und Zuneigung durch Wohlverhalten zu gewinnen, prüft ein Kind unsere Liebe ständig durch sein Benehmen. «Liebst du mich?» Wenn wir diese wichtigste aller Fragen mit «ja» beantwortet haben, ist alles gut. Das Kind hat dann nicht mehr den Drang, sich der Liebe seiner Eltern zu vergewissern, und wir können auf sein Benehmen leichter Einfluß nehmen. Wenn sich ein Kind dagegen nicht geliebt fühlt, muß es durch sein Verhalten noch dringender nachfragen: »Liebt ihr mich?« Vielleicht mögen wir dann sein Benehmen nicht, denn ein Kind hat ja nur geringe Ausdrucksmöglichkeiten, und viele dieser Möglichkeiten sind nicht immer und überall angebracht. Aber wenn jemand wirklich verzweifelt ist, wird auch sein Verhalten entsprechend sein - und nichts läßt ein Kind mehr verzweifeln als der Mangel an Liebe.
Dies ist also der Hauptgrund dafür, warum Kinder oft ungezogen sind. Durch ihr Verhalten zeigen sie an, daß

ihr »emotioneller Tank« leer ist und fragen: »Liebt ihr mich?«

Handeln wir dann fair und klug, wenn wir von unserem Kind Wohlverhalten verlangen, ohne überhaupt sicher zu sein, daß es sich wirklich geliebt fühlt, ohne also zuerst seinen «emotionellen Tank» gefüllt zu haben?

Wir sollten uns immer zuerst fragen: Was braucht dieses Kind jetzt? Von dieser Frage aus können wir logisch weitergehen. Nur so können wir seine Ungezogenheiten in den Griff bekommen, ihm das geben, was es braucht, und ihm das Gefühl schenken, wahrhaft geliebt zu werden.

Dann müssen wir uns fragen: Braucht unser Kind Augenkontakt, braucht es physischen Kontakt und konzentrierte Aufmerksamkeit? Muß also sein »emotioneller Tank« wieder gefüllt werden? Wir Eltern müssen uns zuerst vergewissern, ob nicht die Ungezogenheiten aus einem Mangel heraus entstanden sind. Diesen Mangel müssen wir dann zuerst beheben. Wir sollten nicht fortfahren, an unserem Kind herumzuerziehen, ehe wir nicht seine emotionalen Bedürfnisse befriedigt haben.

Die nächste Frage, die wir uns bei Ungezogenheiten stellen müssen, lautet: Liegt ein physisches Problem vor, das diese Ungezogenheit verursacht? Je jünger ein Kind ist, desto mehr wird sein Verhalten von seinem körperlichen Wohlbefinden beeinflußt. Ist mein Kind hungrig, ist es müde, ist es krank, brütet es gerade eine Erkältung oder eine Grippe aus? Tut ihm etwas weh, oder fühlt es sich sonst nicht gut?
Das soll nicht heißen, daß man Ungezogenheit mit Unpäßlichkeiten entschuldigen kann - meiner Meinung nach kann man Ungezogenheit niemals entschuldigen. Es soll bedeuten, daß wir Eltern genauso wie auf die Ungezogenheit selbst auf die eigentliche Ursache der Ungezogenheit achten müssen.

Meiner Erfahrung nach ist es absolut verkehrt, ein Kind für eine Ungezogenheit zu bestrafen, wenn es dem Kind wirklich leid tut. Die Betonung liegt dabei auf wirklich. Wenn ein Kind wirklich bereut, etwas falsch gemacht zu haben, würde Strafe, besonders körperliche Züchtigung, sich eher schädlich auswirken. Dieser Schaden könnte sich auf zweierlei Art äußern.

Die erste Möglichkeit: Wenn ein Kind schon Bedauern über das zeigt, was es angerichtet hat, funktioniert sein Gewissen auf gute, gesunde Weise. Das ist es ja, was wir anstreben! Es hat aus seinem Fehler gelernt. Ein gutes, gesundes Gewissen ist das beste Gegenmittel gegen wiederholte Ungezogenheit. Strafe dagegen - und speziell körperliche Bestrafung - würde das Schuld- und Reuegefühl nicht aufkommen lassen und statt dessen das Kind darin bestärken, die unangenehmen Schuldgefühle zu vergessen und die Unart zu wiederholen.

Die zweite Möglichkeit: Ein Kind unter diesen Umständen zu bestrafen, könnte Trotzgefühle hervorrufen. Denn wenn ein Kind vor Reue schon ganz zerknirscht ist, setzt ihm sein Gewissen hart zu - das ist an und für sich schon Strafe genug. Dann braucht ein Kind Trost und die Versicherung, es sei trotz seiner Ungezogenheit doch unser gutes, liebes Kind. Diese Zusicherung hat es in solchen Augenblicken dringend nötig. Wenn Sie also den Fehler machen, das Kind zu schlagen, statt ihm die nötige Zuwendung zu geben, ist es tief getroffen. Unter solchen Umständen wird ein Kind das Gefühl haben, schlecht zu sein, und annehmen, seine Eltern seien auch dieser Meinung. So entstehen in dem Kind Zorn, Trotz und Bitterkeit - Gefühle, die es über unabsehbare Zeit mit sich herumschleppen wird.

Ein anderer Grund, warum es so außerordentlich wichtig ist, einem Kind in solcher Lage zu verzeihen, ist: Es muß in seiner Kindheit das Verzeihen kennengelernt haben, sonst wird es später im Leben mit seinen Schuldgefühlen nicht fertig. Überlegen Sie einmal, wie viele schuldbeladene Menschen, auch Christen, es heutzutage gibt, weil sie niemals das Gefühl der Vergebung kennengelernt haben. Diesen armen Menschen mag zwar tatsächlich ihre Schuld von Gott und allen anderen vergeben worden sein, und sie wissen das auch, aber sie haben trotzdem immer noch Schuldgefühle. Wir können unserm Kind ungeahnte Probleme ersparen, wenn wir es lehren und fühlen lassen, daß auf Schuld und Reue die Vergebung folgt. Und das können wir erreichen, indem wir ihm verzeihen, wenn ihm etwas aufrichtig leid tut.

Auf dem Weg zum Ziel

Bitten

Gutes Benehmen können wir zuerst beim Kind durch Bitten erreichen, das ist jedenfalls der positivste Weg. Was noch wichtiger ist: Bitten wecken in einem Kind das Gefühl der Eigenverantwortlichkeit.

Ein Kind spürt, gutes Benehmen hängt ebenso sehr von ihm selbst wie von seinen Eltern ab, die ja die Verantwortung für seine Erziehung tragen. Ein Kind weiß instinktiv, daß es mehrere Möglichkeiten hat. Wenn die Eltern um Wohlverhalten bitten, fühlt sich das Kind in seiner Fähigkeit, selbst zu denken und Entscheidungen zu treffen, bestätigt und lernt, selbst die Verantwortung dafür zu übernehmen. Wenn die Eltern so oft wie möglich bitten, anstatt zu befehlen, wird das Kind die Eltern als Verbündete betrachten, die ihm dabei helfen, sein Benehmen zu formen. Das ist so wichtig!

Befehle

Wir müssen uns jedoch darüber im klaren sein, daß Bitten allein nicht immer genügt. Gelegentlich müssen Eltern etwas energischer sein und ihre Anordnungen nicht in Form von Bitten, sondern als Befehle an ihre Kinder geben. Das geschieht meistens, wenn ein Kind gebeten wurde, etwas zu tun, dann aber versäumt hat, es auszuführen. Ehe die Eltern irgend etwas anderes unternehmen, sollten sie sich vergewissern, ob ihre Bitte zumutbar war, d.h. ob sie dem Alter des Kindes, seinem Verständnisgrad und seinen Fähigkeiten angemessen war. Der häufigste Fehler, der in dieser Hinsicht gemacht wird, ist die Überschätzung kindlicher Fähigkeiten.

Das klassische Beispiel dafür ist, ein vierjähriges Kind aufzufordern, seine Sachen allein aufzuräumen. Nur wenn es sich dabei um zwei oder drei Dinge handelt, hat diese Bitte Zweck, andernfalls ist sie sinnlos. Die Eltern müssen diese Aufgabe zusammen mit dem Kind erledigen. Manchmal nehmen Eltern irrtümlicherweise an, diese Aufgabe sei angemessen; wenn sich das Kind dann weigert oder es nicht schafft, allein aufzuräumen, werden sie böse und bestrafen es, anstatt ihm dabei zu helfen.

An dieser Stelle möchte ich eine wichtige Ermahnung einfügen. Je häufiger Eltern ihre Autorität durch Befehle, Schelte, Nörgeln oder Anschreien ausüben, desto unwirksamer wird diese sein. Es ist wie mit dem Jungen, der so oft rief: «Der Wolf ist da!», daß sein Rufen, als es darauf ankam, überhört wurde. Wenn Eltern normalerweise freundlich zu bitten pflegen, wird ein gelegentlicher direkter Befehl viel wirksamer sein. Je öfter Eltern sich auf autoritäre Weise an ihr Kind wenden, umso weniger Widerhall werden sie finden; das trifft besonders dann zu, wenn sie dabei auch noch ärgerlich, böse oder hysterisch sind.

Trotz

Trotz ist einer der wenigen Hinweise für notwendige Bestrafung. Trotz ist der offene Widerstand, die Bedrohung der Autorität - in diesem Falle der elterlichen Autorität. Es ist das eigensinnige Verweigern des Gehorsams. Natürlich können wir Trotz, so wie jede andere Unart auch, nicht dulden. Zu diesem Zeitpunkt ist Bestrafung angezeigt, und so etwas wird immer wieder vorkommen, ganz gleich, was wir tun.

Trotzdem müssen Eltern solche unerfreulichen Zusammenstöße zu vermeiden suchen, und zwar nicht dadurch, daß sie jedem unsinnigen Einfall oder Wunsch eines Kindes nachgeben, sondern indem sie immer wieder ihre eigenen Erwartungen dem Kind gegenüber prüfen, um sicherzugehen, daß sie vernünftig, wohlüberlegt und dem Alter des Kindes, seinem Entwicklungsstand und seinen Fähigkeiten zu gehorchen angemessen sind.

Angemessene Bestrafung

Es ist nie ganz einfach, eine geeignete Strafe zu finden. Die Strafe muß dem Vergehen entsprechen. Ein Kind hat ein sicheres Gefühl für Fairneß und Konsequenz, es merkt, wenn Eltern zu heftig reagieren oder zu streng mit ihm sind; es merkt aber auch, wenn sie sich zuviel gefallen lassen. Auch inkonsequentes Verhalten, entweder ihm allein gegenüber oder im Vergleich mit anderen Kindern, besonders mit Geschwistern, fällt einem Kind auf. Aus diesem Grunde müssen Eltern fest und konsequent sein. Sie sollen immer ordentliches Verhalten von ihrem Kind fordern und dürfen keine Angst haben, es gleichzeitig ständig zu lieben und zur Disziplin anzuhalten. Eltern müssen besonders bei Bestrafungen aber auch flexibel bleiben.

Flexibilität ist aus verschiedenen Gründen notwendig. Wenn Sie annehmen, Eltern sollten bei Strafen stets fest auf ihrer getroffenen Entscheidung beharren, stellen Sie sich selbst ins Abseits. Selbstverständlich dürfen Eltern ihre Meinung ändern oder die Strafe herabsetzen oder verschärfen. - Denken Sie aber daran: der Nachteil der körperlichen Bestrafung ist, daß man Schläge, wenn sie erst einmal ausgeteilt worden sind, nicht mehr rückgängig machen kann.

Eltern müssen flexibel sein, um die Möglichkeit zu haben, gegebenenfalls ihre Erziehungsmethoden abzuändern. Sie müssen auch flexibel sein, um sich unter

Umständen bei ihrem Kind entschuldigen zu können. Die Notwendigkeit, hin und wieder seine Entscheidungen ändern zu müssen und um Verzeihung zu bitten, besteht in jeder Familie.

Geistliche Hilfen für unser Kind

Eine der hauptsächlichen Klagen, die wir heute von Teenagern hören, ist das Versagen der Eltern, ihnen ethische oder moralische Grundsätze mitzugeben, nach denen sie leben können. Diese Klage wird von älteren Kindern unterschiedlich formuliert. Ein Jugendlicher sagt z.B., er suche einen »Sinn im Leben«. Ein Mädchen wünscht ein »Leitbild«, dem sie folgen könne. Andere junge Menschen suchen nach »Führung von oben«, »etwas, an das man sich halten kann« oder »eine Anweisung, wie ich leben soll«.

Ein Kind schaut zunächst auf seine Eltern, um Richtungsweisung auf diesem Gebiet zu erhalten. Ob es diese bei ihnen findet, hängt von zwei Fragen ab. Die erste ist: Haben die Eltern selber einen festen Standpunkt? Die zweite Frage: Kann ein Kind sich derartig mit seinen Eltern identifizieren, daß es die elterlichen Werte annimmt und integriert? Ein Kind, das sich nicht geliebt fühlt, wird dabei Schwierigkeiten haben.

Das erste Erfordernis

Betrachten wir das erste Erfordernis, das für ein Kind, das nach dem Sinn des Lebens sucht, notwendig ist. Wir Eltern müssen eine Grundlage besitzen, auf der unser Leben ruht und die den Anforderungen der Zeit standhält; etwas, das uns in jeder Phase unseres Lebens trägt und stützt: in den Entwicklungsjahren, dem eigentlichen Jugendalter, dem mittleren und höheren Alter, in Krisenzeiten der Ehe, der Finanzen, der Kinder, unserer eigenen Energie und vor allem in einer sich rapide wandelnden Gesellschaft, in der geistige Werte schnell verfallen. Wir Eltern müssen diese wesentliche Basis haben, auf der wir unser Leben aufbauen, um sie an unser Kind weitergeben zu können. Meiner Meinung nach ist das der wertvollste Schatz, den wir unseren Nachkommen hinterlassen können.

Dieser unschätzbare, friedenspendende Besitz, den jedes Herz ersehnt, ist Gott. Er ist zutiefst persönlich, kann jedoch mit anderen geteilt werden. Er gibt Kraft in Konfliktsituationen und tröstet in Zeiten der Traurigkeit. Er verleiht Weisheit in Zeiten der Verwirrung und Wahrheit nach denen des Irrtums. Er brachte und bringt noch heute Hilfe und verspricht noch mehr Hilfe für die Zukunft. Er weist die Richtung und führt zu allen Zeiten. Doch er läßt uns nicht allein - er ist uns näher als ein Bruder.

Das zweite Erfordernis

Das zweite Erfordernis, das nötig ist, um dem Kind das mitzugeben, was wir besitzen, ist die Möglichkeit für ein Kind, sich so mit seinen Eltern zu identifizieren, daß es die elterlichen Wertvorstellungen annehmen und sich zu eigen machen kann.

Wie Sie sich erinnern werden, hat ein Kind diese Identifikationsschwierigkeiten den Eltern und ihren Wertvorstellungen gegenüber, wenn es sich nicht geliebt und angenommen fühlt. Ohne eine kraftvolle, gesunde Beziehung zu den Eltern reagiert das Kind auf die elterliche Führung mit Ärger, Ablehnung und Feindseligkeit und lernt, ihr zu widerstehen. In schweren Fällen beginnt ein Kind, jede elterliche Bitte mit so viel Widerstand entgegenzunehmen, daß seine gesamte

Einstellung zur elterlichen Autorität und gelegentlich zu jeder Autorität, auch der göttlichen, genau im Gegensatz zu dem steht, was erreicht werden sollte.

An dieser Haltung und Einstellung kann man sehen, wie schwer es werden kann, dem Kind seine eigenen ethischen Wertvorstellungen zu übermitteln.

Damit sich ein Kind völlig mit seinen Eltern identifizieren kann und in der Lage ist, ihre Wertvorstellungen anzunehmen, muß es sich zutiefst geliebt und akzeptiert fühlen. Um ihrem Kind zu einer so engen Beziehung zu Gott zu verhelfen, wie sie selbst sie haben, müssen sich die Eltern vergewissern, daß sich das Kind bedingungslos geliebt fühlt, und zwar weil auch Gott uns bedingungslos liebt. Es ist außerordentlich schwierig, sich von Gott geliebt zu fühlen, wenn man dieses Gefühl nicht von seinen Eltern her kannte. Für viele Menschen, die eine persönliche Beziehung zu Gott haben möchten, ist dies gewöhnlich auch das größte Hindernis. Eltern müssen das bei ihren eigenen Kindern zu vermeiden suchen.

Um unserem Kind geistliche Hilfe zu geben, sind zwei Erfordernisse unerläßlich: Die Eltern müssen ein persönliches Verhältnis zu Gott haben, und das Kind muß die Gewißheit haben, bedingungslos geliebt zu werden.

Teilen Sie Ihr geistliches Leben mit Ihrem Kind

Ich möchte noch eine andere Möglichkeit erwähnen, wie man einem Kind geistlich helfen kann. Durch die Kenntnis der Tatsachen, die ein Kind in Schule, Kindergottesdienst und zu Hause erworben hat, erhält es den rohen Unterbau, auf dem es sein geistliches Leben aufbauen kann. Es muß nun versuchen, diese Kenntnisse effektiv und sorgfältig einzusetzen, um ein reifer Mensch zu werden. Damit ihm das gelingt, braucht ein Kind die Erfahrung des täglichen Umgangs mit Gott und die Unterweisung im Gottvertrauen.

Die beste Möglichkeit, Ihrem Kind dabei zu helfen, ist, Ihr eigenes geistliches Leben mit ihm zu teilen. Natürlich hängt, was und wieviel Sie mit dem Kind teilen, von dem Alter des Kindes ab, von seinem Entwicklungsgrad und seiner Fähigkeit, zu begreifen und damit umzugehen. Wenn ein Kind älter wird, möchten wir Eltern, daß es immer mehr an unserer Liebe zu Gott teilhat, täglich mit ihm umgeht, ihm vertraut, seinen Rat und seine Hilfe sucht und ihm dankt für seine Liebe, Fürsorge, Gaben und erhörte Gebete.

Dies alles möchten wir mit unserem Kind teilen, wenn es geschieht, nicht hinterher. Nur wenn es dabei ist, kann ein Kind «Schulung» erhalten. Frühere Erfahrungen zu teilen, gleicht nur einer Tatsacheninformation, ein Kind kann dadurch nicht aus eigener Erfahrung lernen. Es steckt eine Menge Wahrheit in dem alten Sprichwort «Erfahrung ist der beste Lehrer». Lassen Sie Ihr Kind an Ihren Erfahrungen teilhaben. Je früher ein Kind Gottvertrauen lernt, desto stärker wird sein Glaube werden.

Liebe Eltern, ich hoffe, Sie werden ernsthaft über den Inhalt dieses Buches nachdenken. Es wurde speziell für Sie geschrieben von einem Vater, dessen größter Wunsch es ist, daß seine und Ihre Kinder zu starken, gesunden, fröhlichen und unabhängigen Erwachsenen werden. Ich hoffe, Sie werden dieses Bändchen immer wieder lesen. Ich für meinen Teil muß ständig daran erinnert werden, wie ich meine Kinder richtig lieben soll.

Zu Ihrer Information:

Wenn Sie sich mit dem Thema eingehender auseinandersetzen möchten, empfehlen wir Ihnen das Buch
«Kinder sind wie ein Spiegel», auf dem dieses Buch basiert.
Im Verlag der Francke-Buchhandlung sind von Ross Campbell, dem Autor dieses Buches, außerdem erschienen:

«Teenager brauchen mehr Liebe» und
«Kinder sind Persönlichkeiten».